chikoro - school	2
rwendo - travel	5
zvifambiso - transport	8
guta - city	10
mamiriro akaita nzvimbo - landscape	14
resitorendi - restaurant	17
supamaketi - supermarket	20
zvekunwa - drinks	22
zvekudya - food	23
purazi - farm	27
imba - house	31
imba yekutandarira - living room	33
kicheni - kitchen	35
mekugezera - bathroom	38
imba yemwana - kids room	42
zvipfeko - clothing	44
hofisi - office	49
mamiriro eupfumi - economy	51
mabasa - occupations	53
maturusi - tools	56
zviridzwa - musical instruments	57
munochengeterwa mhuka - zoo	59
mitambo - sports	62
mabasa - activities	63
mhuri - family	67
muviri - body	68
chipatara - hospital	72
zvekukurumidza - emergency	76
Nyika - earth	77
wachi - clock	79
vhiki - week	80
gore - year	81
mashepu - shapes	83
mavara - colors	84
misiyano - opposites	85
manhamba - numbers	88
mitauro - languages	90
ani / chii / sei - who / what / how	91
papi - where	92

Impressum
Verlag: BABADADA GmbH, Nedderfeld 112 , 22529 Hamburg
Geschäftsführer / Verlagsleitung: Harald Hof
Druck: Books on Demand GmbH, In de Tarpen 42, 22848 Norderstedt

Imprint
Publisher: BABADADA GmbH, Nedderfeld 112 , 22529 Hamburg, Germany
Managing Director / Publishing direction: Harald Hof
Print: Books on Demand GmbH, In de Tarpen 42, 22848 Norderstedt

chikoro

school

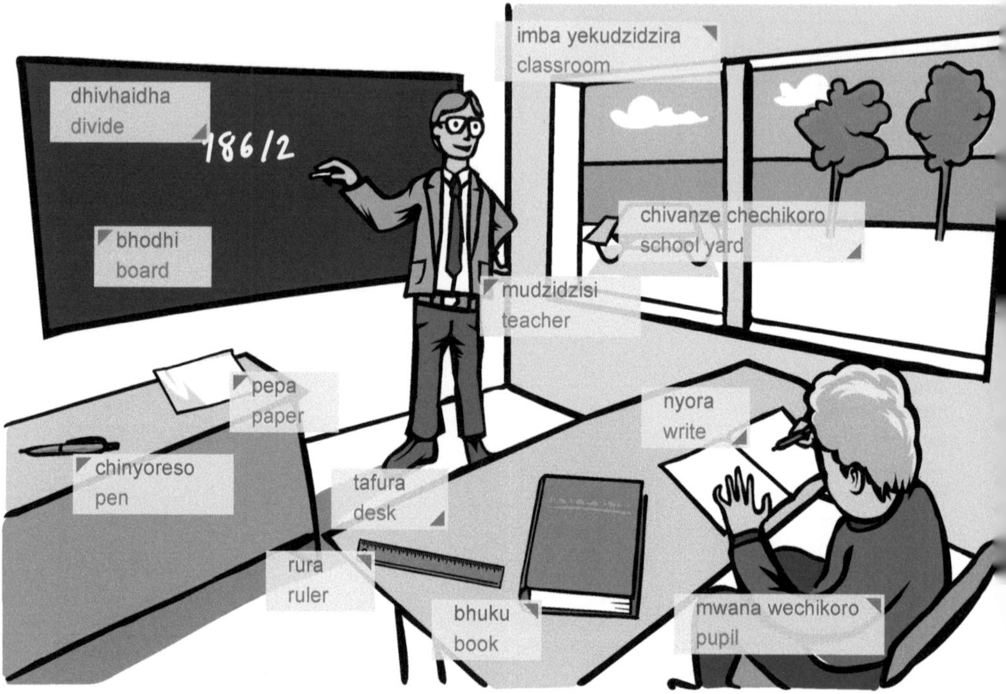

imba yekudzidzira
classroom
dhivhaidha
divide
186/2
bhodhi
board
chivanze chechikoro
school yard
mudzidzisi
teacher
pepa
paper
nyora
write
chinyoreso
pen
tafura
desk
rura
ruler
bhuku
book
mwana wechikoro
pupil

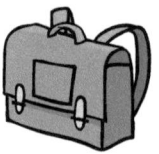

bhegi

satchel

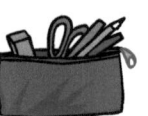

chekuchengetera mapenzura

pencil case

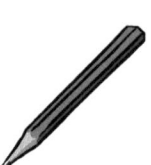

penzura

pencil

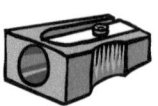

chekurodzesa mapenzura

pencil sharpener

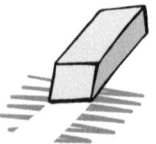

rabha

rubber

bhuku rekudhirowera mifananidzo

drawing pad

mufananidzo
wakadhirowewa
drawing

bhurasho rekupendesa
paintbrush

bhokisi rependi
paint box

chigero
scissors

guruu
glue

bhuku rekunyorera
exercise book

basa rinoitirwa kumba
homework

12

nhamba
number

2+2

sanganisa
add

5-2

bvisa
subtract

2×2

wanziridza
multiply

kakureta
calculate

A

bhii
letter

ABCDEFG
HIJKLMN
OPQRSTU
VWXYZ

arufabheti
alphabet

hello

shoko
word

mashoko
text

kuverenga
read

choko
chalk

chidzidzo
lesson

bhuku remazita
register

bvunzo
examination

setifiketi
certificate

yunifomu yekuchikoro
school uniform

dzidzo
education

encyclopedia
encyclopedia

yunivhesiti
university

maikorosikopu
microscope

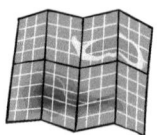

mepu
map

bhini remapepa
waste-paper basket

rwendo
travel

hotera
hotel
Grand
mahostera
hostel
ROOMS
EXCHANGE
panochinjwa mari
currency exchange office
sutukesi
suitcase
mota
car

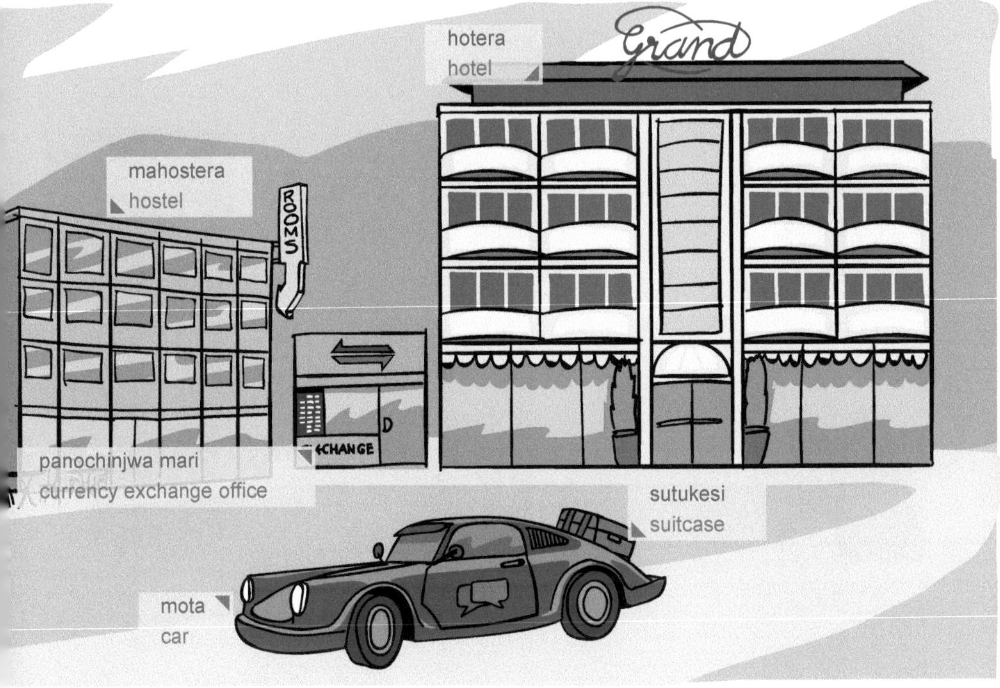

mutauro
language

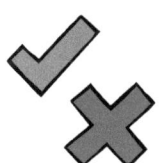

hongu / kwete
yes / no

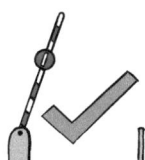

Zvakanaka
Okay

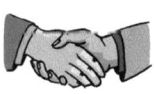

hesi
hello

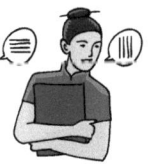

mushanduri
translator

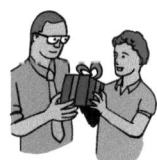

Mazvita
Thank you

Imarii... ?

how much is...?

Handisi kunzwisisa

I don´t get it

dambudziko

problem

Manheru!

Good evening!

Mangwanani!

Good morning!

Murare zvakanaka

Good night!

toonana

goodbye

mafambiro

direction

katundu

luggage

bhegi

bag

bhegi rekumusana

backpack

muenzi

guest

imba

room

bhegi rekurarira

sleeping bag

tendi

tent

mashoko evafambi

tourist information

mahombekombe

beach

kadhi rekubhengi

credit card

kudya kwemangwanani

breakfast

kudya kwemasikati

lunch

kudya kwemanheru

dinner

tiketi

Ticket

chikwidzo

elevator

chitambi

stamp

muganhu

border

vanoona nezvekupinda
munyika

customs

vamiririri venyika

embassy

vhiza

visa

pasipoti

passport

zvifambiso

transport

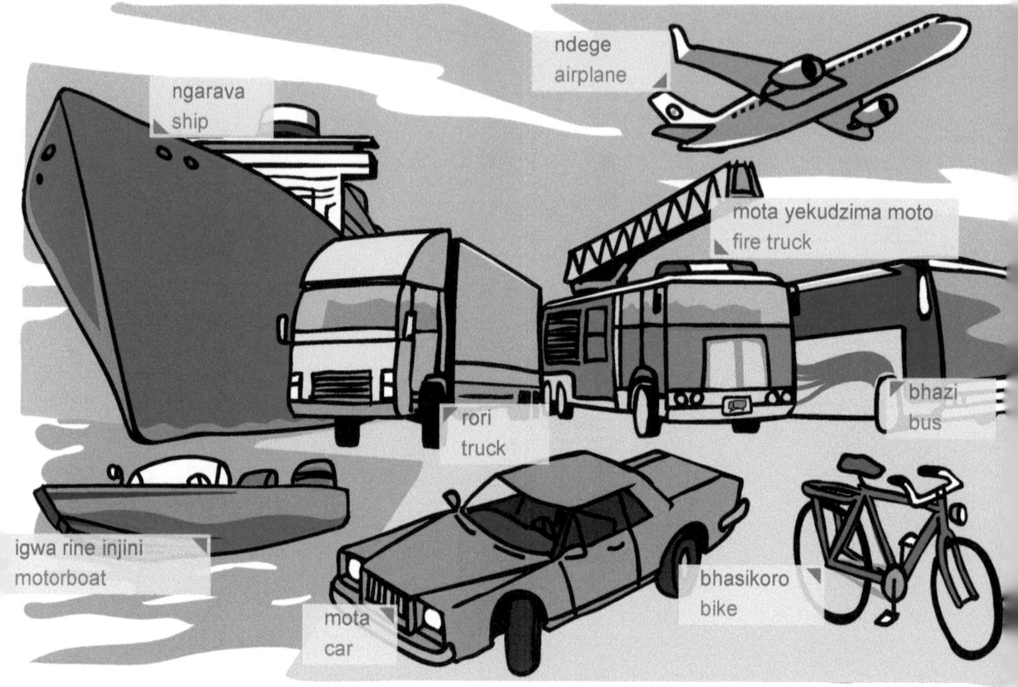
ndege
airplane
ngarava
ship
mota yekudzima moto
fire truck
bhazi
bus
rori
truck
igwa rine injini
motorboat
bhasikoro
bike
mota
car

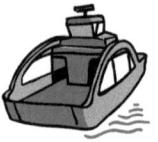

igwa
ferry

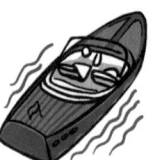

igwa
boat

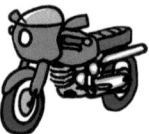

mudhudhudhu
motorbike

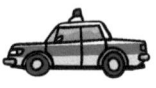

mota yemapurisa
police car

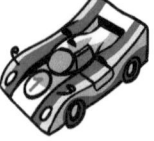

mota yemujaho
racing car

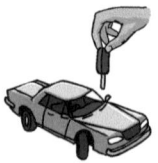

mota yekuhaya
rental car

kuhaya mota

car sharing

mota inodhonza dzinenge dzafa

tow truck

mota yemabhini

garbage truck

injini

engine

mafuta

fuel

garaji remafuta

fuel station

chikwangwani chemumugwagwa

traffic sign

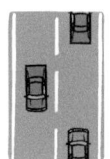

mota

traffic

mota dzakawandisa

traffic jam

panopakwa mota

parking lot

chiteshi chezvitima

train station

njanji

tracks

chitima

train

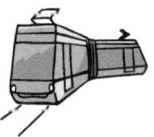

tram

tram

chitima

wagon

chikopokopo
helicopter

nhandare yendege
airport

nharire
tower

mufambi
passenger

chikondena
container

kadhibhodhi bhokisi
carton

ngoro
cart

bhasiketi
basket

simuka / mhara
take off / land

guta
city

musha
village

pakati peguta
city center

imba
house

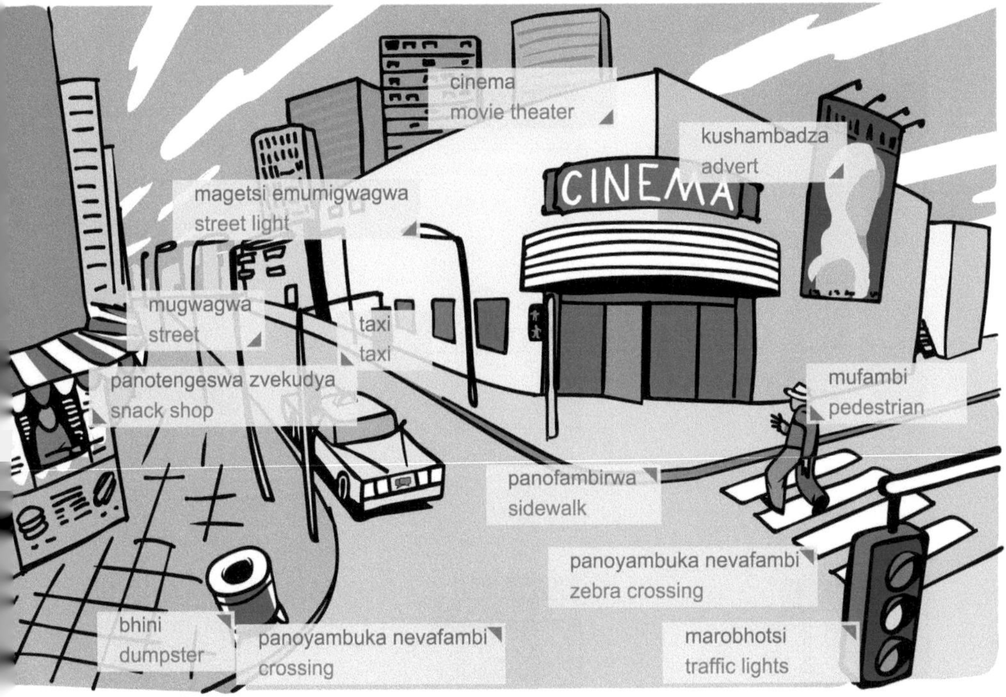

cinema
movie theater
CINEMA
kushambadza
advert
magetsi emumigwagwa
street light
mugwagwa
street
taxi
taxi
panotengeswa zvekudya
snack shop
mufambi
pedestrian
panofambirwa
sidewalk
panoyambuka nevafambi
zebra crossing
bhini
dumpster
panoyambuka nevafambi
crossing
marobhotsi
traffic lights

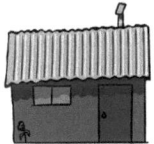

imba

hut

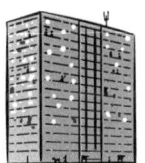

mafurati

apartment

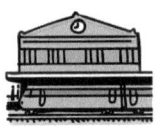

chiteshi chezvitima

train station

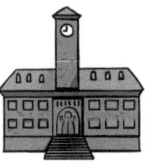

imba yeguta

city hall

MUSEUM

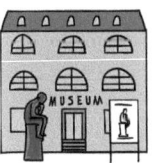

muziyamu

museum

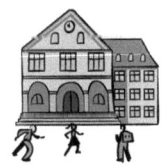

chikoro

school

yunivhesiti

university

bhengi

bank

chipatara

hospital

hotera

hotel

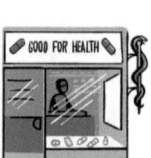

panotengeswa mishonga

pharmacy

hofisi

office

chitoro chemabhuku

book shop

chitoro

shop

panotengeswa maruva

flower shop

supamaketi

supermarket

musika

market

chitoro chine madhipatimendi

department store

panotengeswa hove

fishmonger's shop

nzimbo ine zvitoro

mall

chiteshi chengarava

harbor

paki

park

bhenji

bench

bhiriji

bridge

masitepisi

stairs

nzira inoenda nepasi

subway

mugwagwa wepasi

tunnel

panokwirirwa mabhazi

bus stop

bhawa

bar

resitorendi

restaurant

bhokisi retsamba

postbox

chikwangwani
chemugwagwa
street sign

mita yekupaka

parking meter

inochengeterwa mhuka

zoo

kunotuhwinirwa

swimming pool

mosque

mosque

purazi

farm

kusvibisa

pollution

kumakuva

cemetery

chechi

church

pekutambira

playground

temberi

temple

mamiriro akaita nzvimbo
landscape

shizha
leaf

chikwangwani
signpost

nzira
path

mafuro
meadow

dombo
stone

muti
tree

mufambi
hiker

rwizi
river

uswa
grass

ruva
flower

mupata

valley

gomo

hill

dhamu

lake

sango

forest

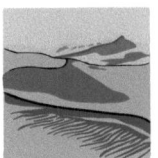

gwenga

desert

chikwatamabwe

volcano

zimba

castle

muraraungu

rainbow

hohwa

mushroom

muchindwe

palm tree

umhutu

mosquito

nhunzi

fly

svosve

ant

nyuchi

bee

buve

spider

chipembenene

beetle

datya

frog

tsindi

squirrel

nungu

hedgehog

tsuro

hare

zizi

owl

shiri

bird

swan

swan

nguruve yemusango

boar

nondo

deer

moose

moose

dhamu

dam

injini yemhepo

wind turbine

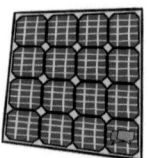

panero rezuva

solar panel

mamiriro ekunze

climate

resitorendi

restaurant

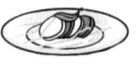

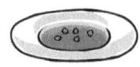

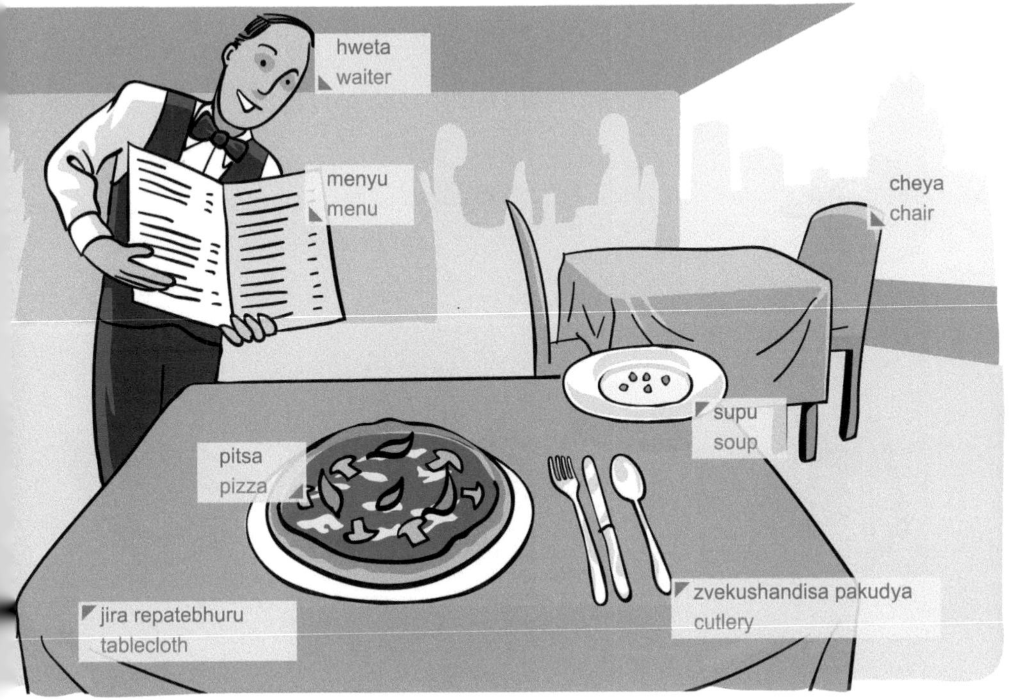
hweta
waiter
menyu
menu
cheya
chair
supu
soup
pitsa
pizza
jira repatebhuru
tablecloth
zvekushandisa pakudya
cutlery

zvekusosa nzara
....
starter

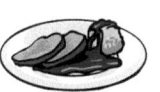

zvekudya
....
main course

zvekuseredzera
....
dessert

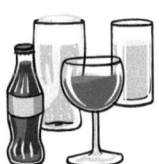

zvekunwa
....
drinks

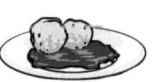

zvekudya
....
food

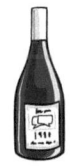

bhodhoro
....
bottle

zvekudya zvisingatori nguva
kubika

fast food

chikafu chinotengeswa
munzira

street food

tipoti

teapot

gabha reshuga

sugar bowl

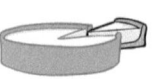

chidimbu

portion

muchina wekofi

espresso machine

cheya yemwana

high chair

bhiri

bill

tureyi

tray

banga

knife

forogo

fork

chipunu

spoon

chipunu

teaspoon

zvekupukutisa muromo

serviette

girazi

glass

ndiro

plate

ndiro yesupu

soup plate

ndiro

saucer

supu

sauce

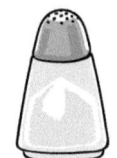

chekuisira sauti

salt shaker

chekugaya mhiripiri

pepper mill

vhiniga

vinegar

mafuta

oil

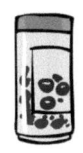

masipaisi

spices

ketchup

ketchup

mustard

mustard

mayonaizi

mayonnaise

supamaketi

supermarket

zvaderedzwa mitengo
special offer
FOR
mutengi
customer
zvinogadzirwa nemukaka
dairy products
michero
fruit
chingoro
shopping cart

BUTCHERS

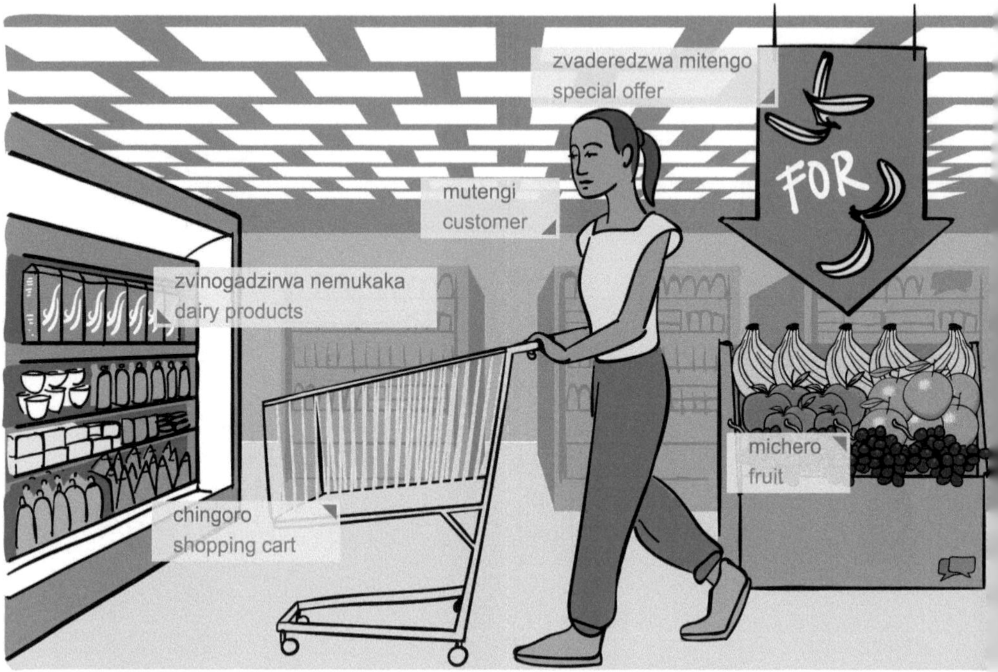

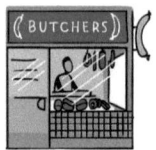

panotengeswa nyama

butcher's shop

BAKERY

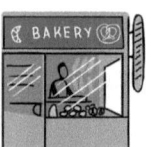

panotengeswa chingwa

bakery

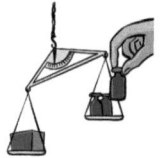

kuyera

weigh

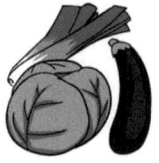

miriwo

vegetables

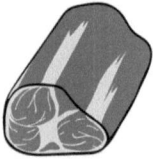

nyama

meat

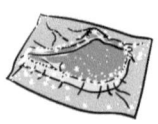

zvekudya zvakaoma nechando

frozen food

nyama yakatonhora

cold cuts

zvekudya zvemugaba

canned food

sipo yeupfu yekuwachisa

detergent

masuwiti

candy

zvekushandisa mumba

household products

zvekuchenesa nazvo

cleaning products

mutengesi

sales representative

tiru

cash register

mutengesi

cashier

zviri kuda kutengwa

shopping list

nguva dzekuvhura

opening hours

chikwama

wallet

kadhi rekubhengi

credit card

bhegi

bag

pepa rekuisira

plastic bag

mvura

water

muto wemichero

juice

mukaka

milk

coke

coke

waini

wine

doro

beer

doro

alcohol

cocoa

cocoa

tii

tea

kofi

coffee

kofi

espresso

cappuccino

cappuccino

bhanana

banana

apuro

apple

orenji

orange

nwiwa

melon

ndimu

lemon

karotsi

carrot

gariki

garlic

mushenjere

bamboo

hanyanisi

onion

hohwa

mushroom

nzungu

nuts

manoodle

noodles

spaghetti

spaghetti

mupunga

rice

saradhi

salad

machipisi

fries

mbatatisi dzakafuraiwa

fried potatoes

pitsa

pizza

chingwa chakaruma nyama

hamburger

sangweji

sandwich

nhindi

escalope

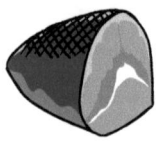

ham

ham

salami

salami

soseji

sausage

huku

chicken

gochwa

roast

hove

fish

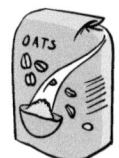

bota reoats

porridge oats

muesli

muesli

macornflake

cornflakes

furawa

flour

croissant

croissant

chingwa

bread roll

chingwa

bread

chingwa chakagochwa

toast

mabhisikiti

cookies

bhata

butter

ige

curd

keke

cake

zai

egg

zai rakafuraiwa

fried egg

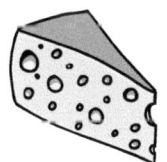

chizi

cheese

aizikirimu

ice cream

shuga

sugar

huchi

honey

jemu

jelly

chocolate yekuzora

nougat cream

curry

curry

purazi
farm

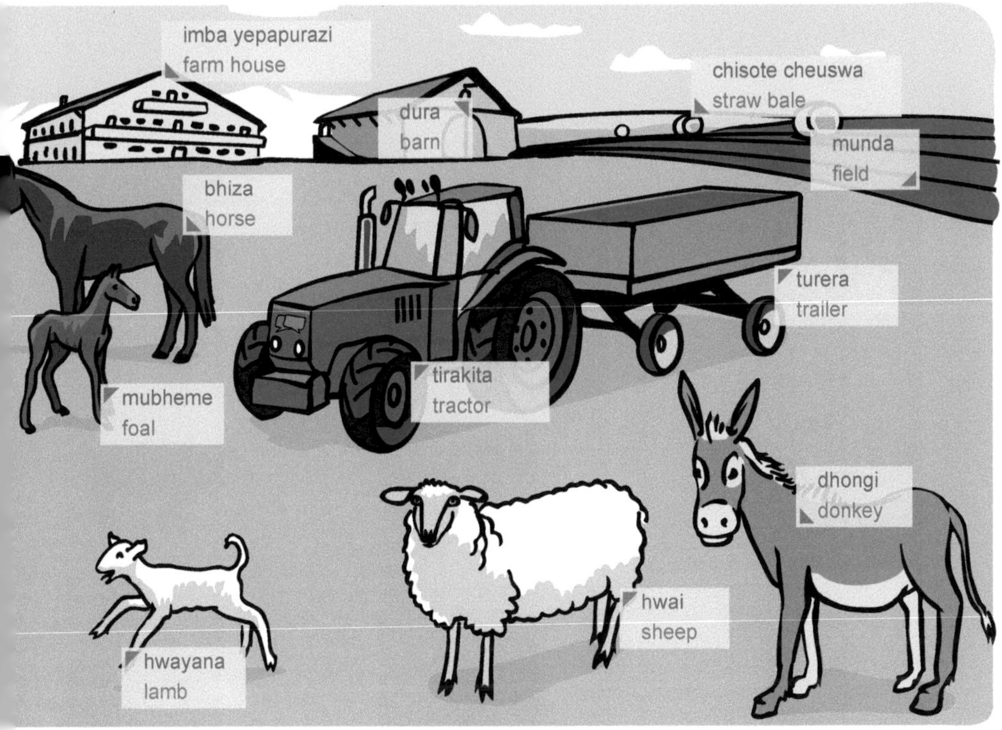
imba yepapurazi
farm house
dura
barn
chisote cheuswa
straw bale
munda
field
bhiza
horse
turera
trailer
tirakita
tractor
mubheme
foal
dhongi
donkey
hwai
sheep
hwayana
lamb

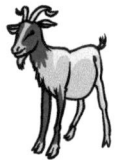

mbudzi

goat

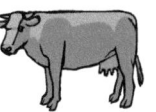

mhou

cow

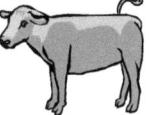

mhuru

calf

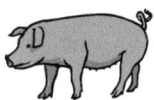

nguruve

pig

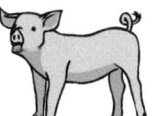

chigwi

piglet

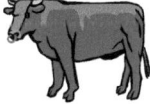

bhuru

bull

dhadha

goose

dhakisi

duck

nhiyo

chick

tseketsa

hen

jongwe

cockerel

gonzo

rat

katsi

cat

mbeva

mouse

dhonza

ox

imbwa

dog

imba yembwa

dog house

pombi yemvura

garden hose

keni yekudiridzisa

watering can

jeko

scythe

gejo

plow

jeko

sickle

badza

hoe

forogo

pitchfork

demo

axe

bhara

pushcart

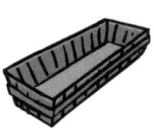

chidyiro

trough

bhodhoro remukaka

milk can

saga

sack

fenzi

fence

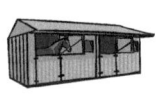

danga

stable

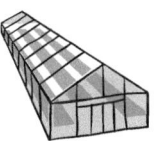

greenhouse

greenhouse

ivhu

soil

mbeu

seed

fetereza

fertilizer

mota yekukohwesa

combine harvester

purazi - farm

kukohwa

harvest

gohwo

harvest

mbatatisi

yams

gorosi

wheat

soya

soya

mbatatisi

potato

chibage

corn

rapeseed

rapeseed

muti wemichero

fruit tree

mufarinya

manioc

mbesa

grain

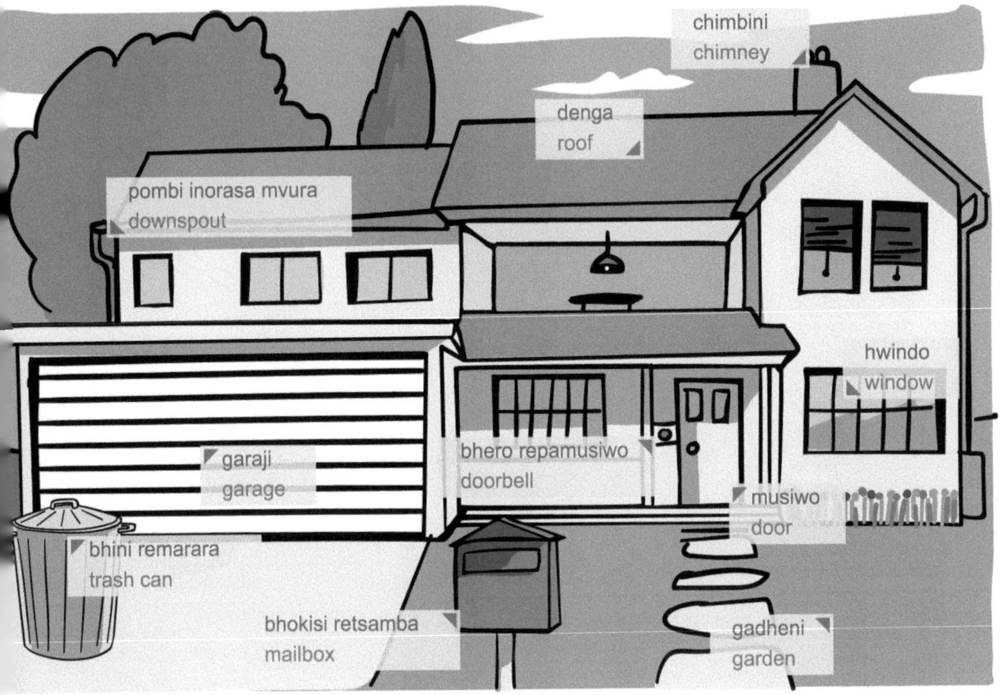

chimbini
chimney

denga
roof

pombi inorasa mvura
downspout

hwindo
window

garaji
garage

bhero repamusiwo
doorbell

musiwo
door

bhini remarara
trash can

bhokisi retsamba
mailbox

gadheni
garden

imba yekutandarira

living room

mekugezera

bathroom

kicheni

kitchen

imba yekurara

bedroom

imba yemwana

kids room

imba yekudyira

dining room

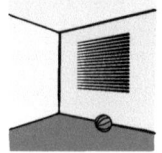

uriri
....
floor

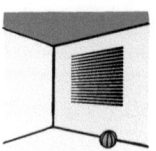

madziro
....
wall

denga
....
ceiling

imba yepasi
....
cellar

sauna
....
sauna

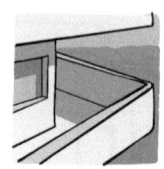

vharanda repadenga
....
balcony

uriri hwepadenga
....
terrace

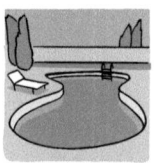

dziva rekushambira
....
pool

muchina wekuchekesa
uswa
lawn mower

jira
....
sheet

chekufukidza mubhedha
....
bedspread

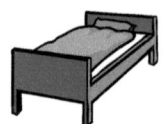

mubhedha
....
bed

bhurumu
....
broom

bhaketi
....
bucket

suwichi
....
switch

imba yekutandarira
living room

pepa remadziro
wallpaper
pikicha
picture
rambi
lamp
sherufu
shelf
kabhati
cabinet
TV
television
nzvimbo yemoto
fireplace
ruva
flower
kusheni
cushion
sofa
sofa
vhazi
vase
rimoti
remote control

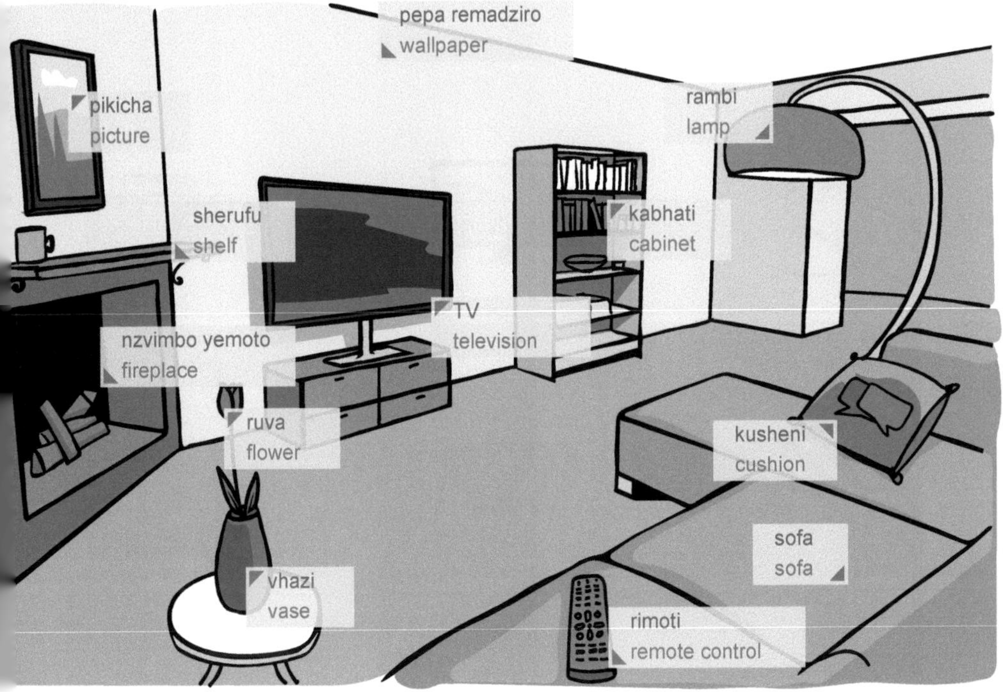

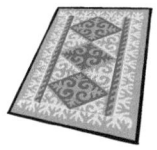

kapeti

carpet

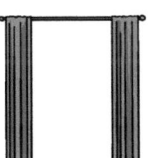

keteni

drape

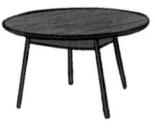

tebhuru

table

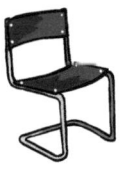

cheya

chair

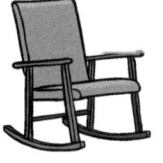

cheya inozeya

rocking chair

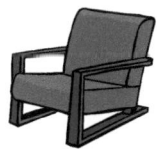

cheya ine pekuisa maoko

armchair

bhuku

book

gumbeze

blanket

marongedzero

decoration

huni

firewood

firimu

film

redhiyo yehi-fi

stereo system

kii

key

pepanhau

newspaper

mufananidzo

painting

posita

poster

redhiyo

radio

pekunyorera

notebook

muchina wekuhuvhisa

vacuum cleaner

chinanazi

cactus

kenduru

candle

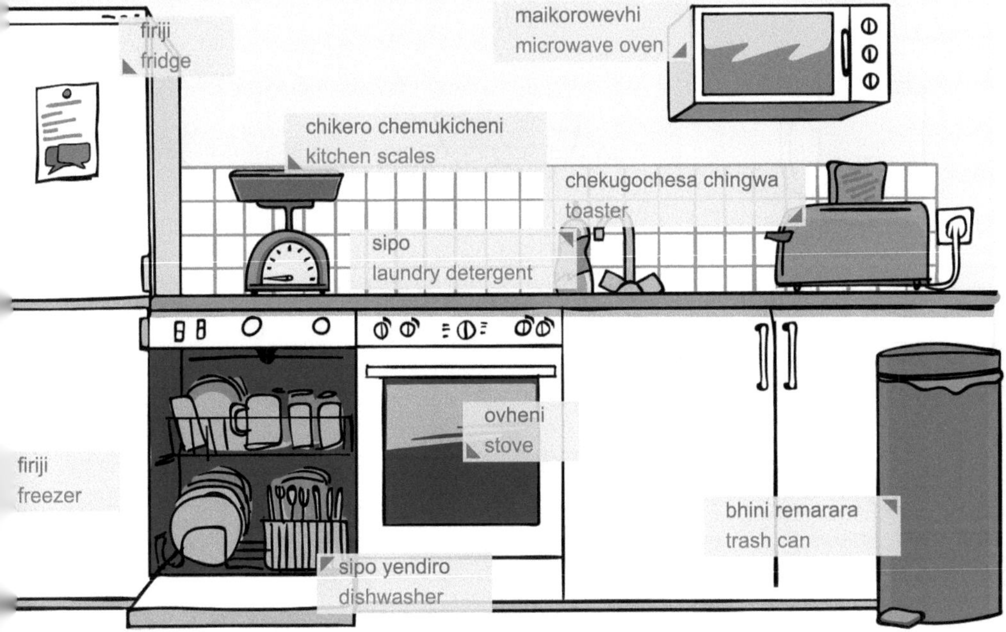

firiji
fridge

maikorowevhi
microwave oven

chikero chemukicheni
kitchen scales

chekugochesa chingwa
toaster

sipo
laundry detergent

ovheni
stove

firiji
freezer

bhini remarara
trash can

sipo yendiro
dishwasher

chitofu

cooker

poto

pot

poto yesimbi

cast-iron pot

wok / kadai

wok / kadai

pani

pan

ketero

kettle

chekubikisa neutsi
hwemvura

steamer

turei yekubhekesa

baking tray

ndiro

crockery

kapu

mug

dishi

bowl

tumiti twekudyisa

chopsticks

chipunu

ladle

chipunu

spatula

chekusanganisisa

whisk

chekukunisa

strainer

chekukunisa

sieve

chekugiretesa

grater

duri

mortar

chiwaya

barbecue

moto

fireplace

chekuchekera

chopping board

chekutsimbiririsa mukanyiwa

rolling pin

chekuvhurisa mabhodhoro ewaini

corkscrew

tini

can

chekuvhurisa tini

can opener

girovhosi rekubatisa zvinopisa

oven cloth

singi

sink

bhurasho

brush

chipanji

sponge

chinosanganisa

blender

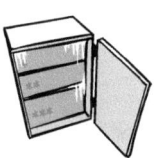

firiji

deep freezer

bhodhoro remwana

baby bottle

pombi

tap

mekugezera
bathroom

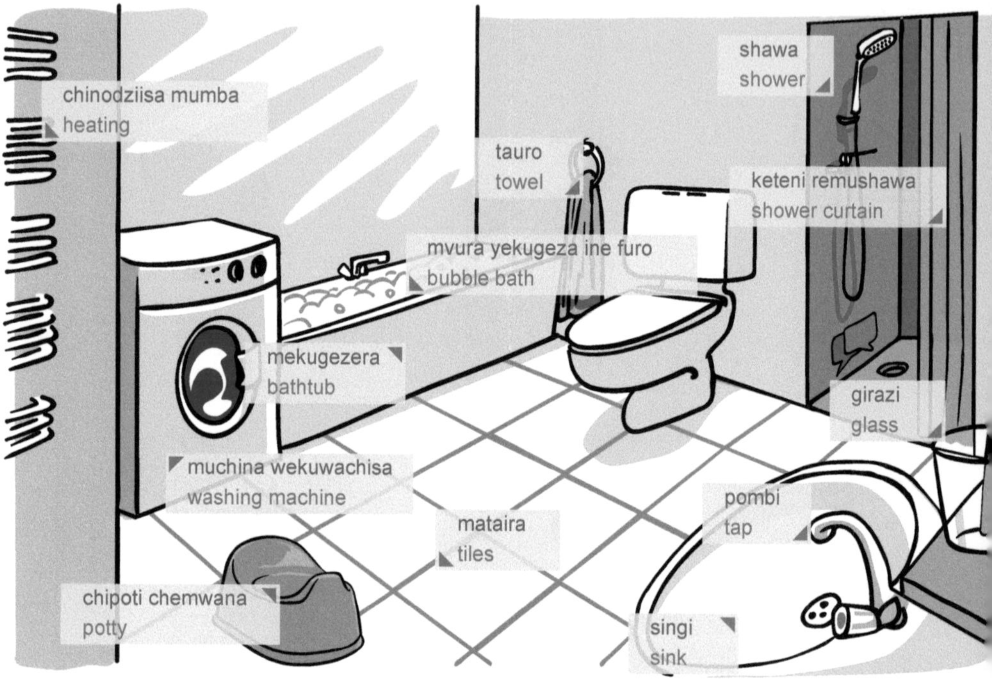

chinodziisa mumba
heating
tauro
towel
shawa
shower
keteni remushawa
shower curtain
mvura yekugeza ine furo
bubble bath
mekugezera
bathtub
girazi
glass
muchina wekuwachisa
washing machine
pombi
tap
mataira
tiles
chipoti chemwana
potty
singi
sink

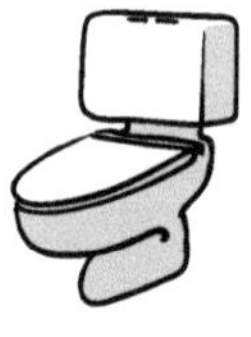

toireti
toilet

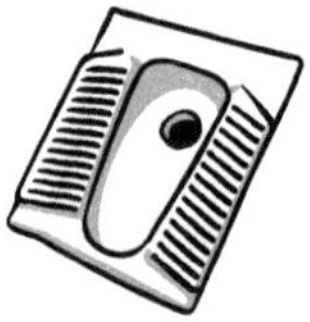

toireti yegomba
squat toilet

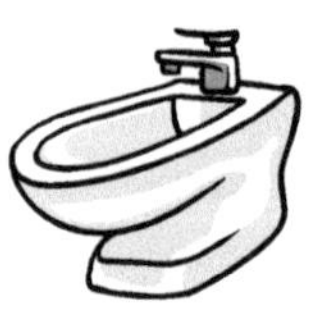

chemba
bidet

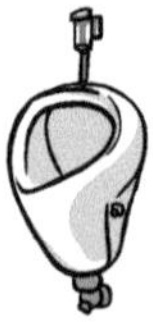

chekuitira weti chevarume
urinal

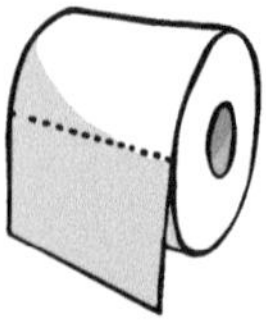

pepa remutoireti
toilet paper

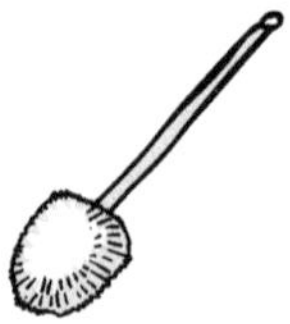

bhurasho remutoireti
toilet brush

bhurasho remazino

toothbrush

mushonga wemazino

toothpaste

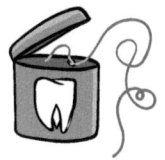

tambo yekugezesa mazino

dental floss

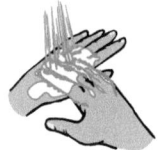

kugeza

wash

shawa yekuita zvekubata

hand shower

douche

douche

bheseni

basin

bhurasho remusoro

back brush

sipo

soap

o yekugezesa mushawa

shower gel

shambuu

shampoo

chekugezesa

flannel

dhireni

drain

mafuta

creme

chinonhuwirira

deodorant

girazi

mirror

girazi remumaoko

hand mirror

chekugeresa ndebvu

razor

furo rekugeresa ndebvu

shaving foam

mafuta ekuzora wagera ndebvu

aftershave

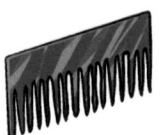

kamu

comb

bhurasho

brush

chekuomesa bvudzi

hair-dryer

mushonga wekupfapfaidza musoro

hairspray

zvekupodesa

makeup

chekupendesa muromo

lipstick

chekupendesa nzara

nail varnish

donje

cotton wool

chigero chenzara

nail scissors

pefiyumu

perfume

bhegi rezvekugezesa

washbag

chituro

stool

chikero

weighing scales

bathrobe

bathrobe

magirovhosi erabha

rubber gloves

tampon

tampon

pedhi

sanitary towel

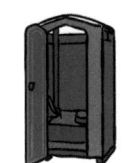

toireti inotakurwa

chemical toilet

imba yemwana

kids room

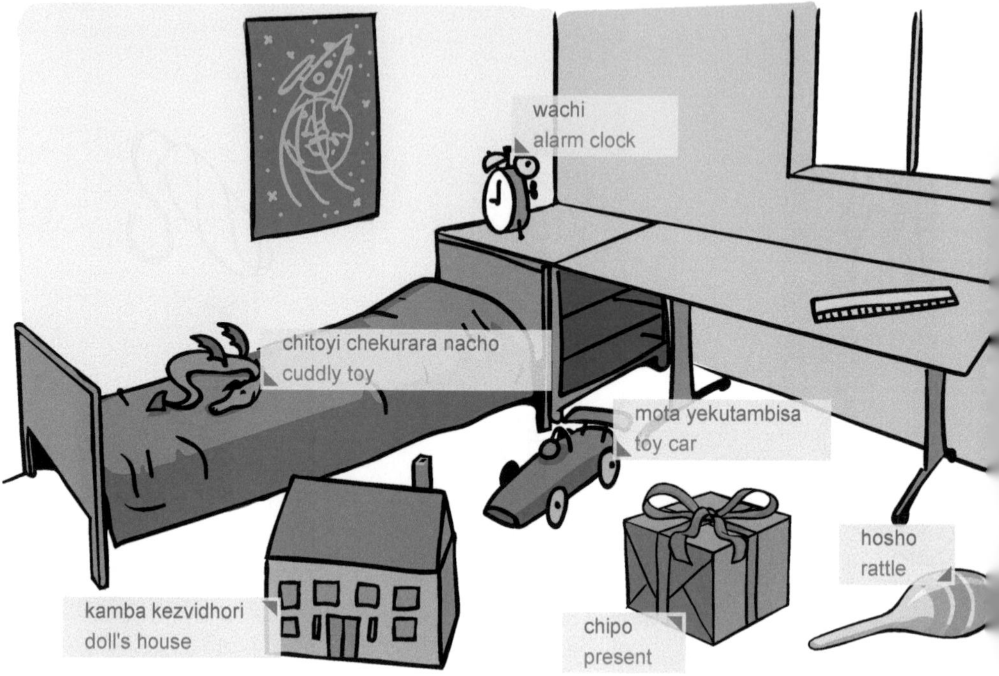
wachi
alarm clock
chitoyi chekurara nacho
cuddly toy
mota yekutambisa
toy car
hosho
rattle
kamba kezvidhori
doll's house
chipo
present

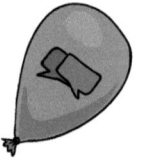

chibharuma

balloon

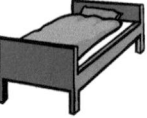

mubhedha

bed

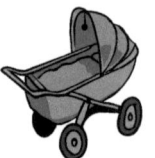

purema

stroller

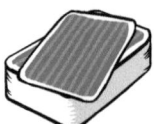

makadhi ekutamba

deck of cards

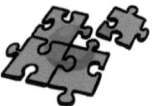

puzzle

jigsaw

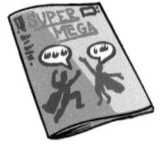

makatuni ekuverenga

comic

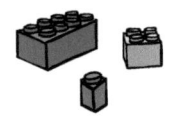

zvekuvakisa zvinhu

lego bricks

mabhuroko ekuvakisa

toy blocks

chidhori

action figure

babygrow

romper suit

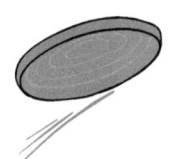

chekutambisa uchikanda

frisbee

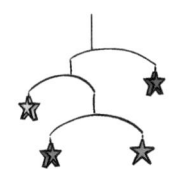

zvekuvaraidza mwana

mobile

gemu rinotambirwa
pabhodhi

board game

dhaisi

dice

zvitima zvekutambisa

model train set

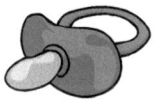

chidhami

pacifior

mabiko

party

bhuku remapikicha

plcture book

bhora

ball

chidhori

doll

kutamba

play

majecha ekutambira

sandpit

muzeerere

swing

zvekutambisa

toys

chekutambisa magemu emavhidhiyo

video game console

kabhasikoro kemavhiri matatu

tricycle

teddy bear

teddy bear

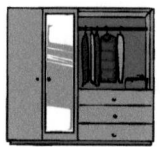

wadhiropu

wardrobe

zvipfeko

clothing

masokisi

socks

masokisi

stockings

matirauzi anobata muviri

tights

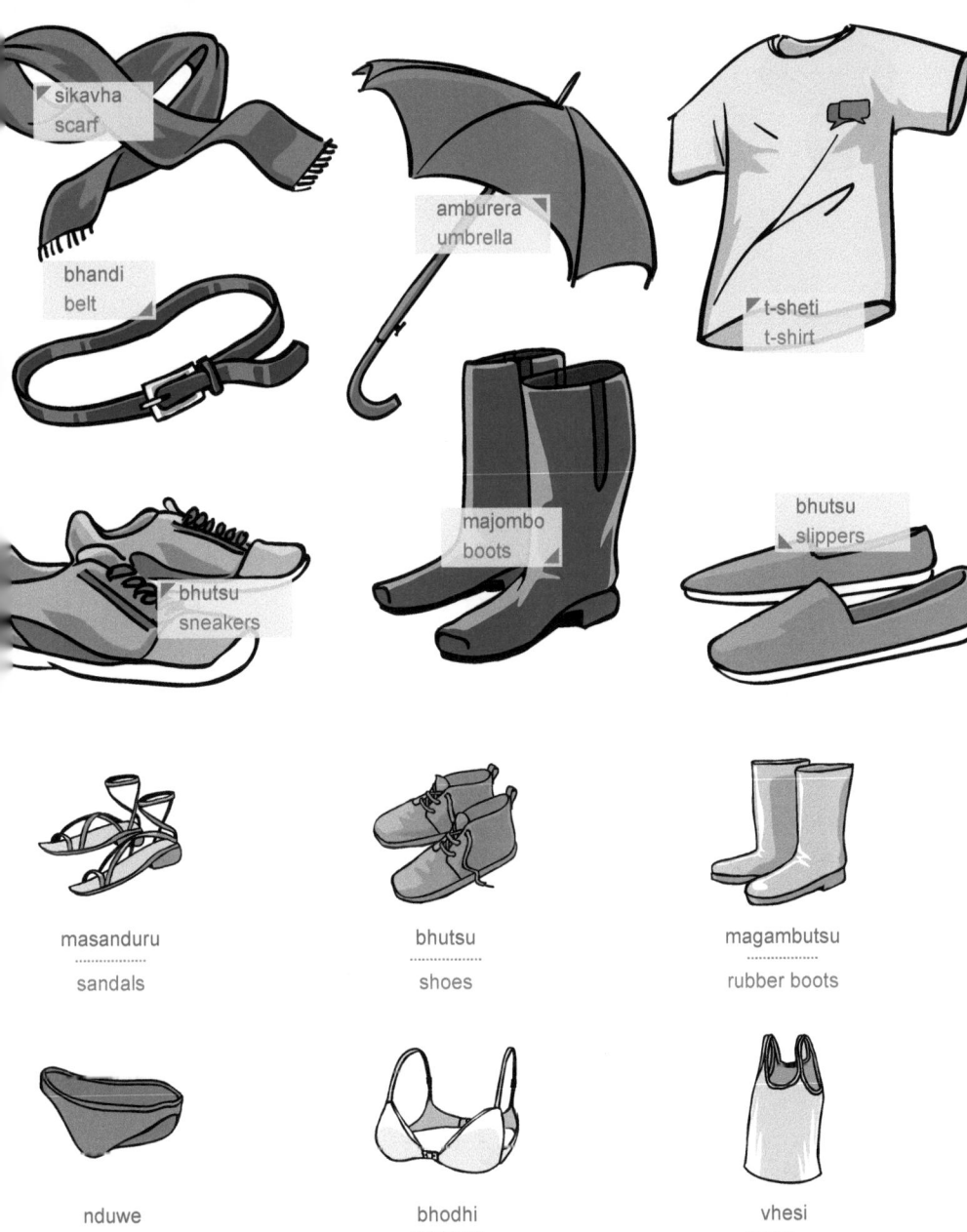

sikavha
scarf

amburera
umbrella

t-sheti
t-shirt

bhandi
belt

majombo
boots

bhutsu
slippers

bhutsu
sneakers

masanduru
sandals

bhutsu
shoes

magambutsu
rubber boots

nduwe
underwear

bhodhi
bra

vhesi
undershirt

zvipfeko - clothing

muviri

body

tirauzi

pants

jini

jeans

siketi

skirt

bhurauzi

blouse

hembe

shirt

bhachi

pullover

chibhachi

sweater

bhachi

blazer

bhachi

jacket

jasi

coat

renikoti

raincoat

koshitomu

costume

dhirezi

dress

dhirezi remuchato

wedding dress

sutu
suit

hembe yekurarisa
nightgown

mapijama
pajamas

chari
sari

headscarf
headscarf

heti
turban

burqa
burka

kaftan
kaftan

abaya
abaya

hembe yekutuhwinisa
swimsuit

chikabudura
trunks

chikabudura
shorts

tirekisutu
tracksuit

apuroni
apron

magirovhosi
gloves

bhatani

button

magirazi

glasses

bhenguru

bracelet

chuma

necklace

rin'i

ring

mhete

earring

kepisi

cap

hen'a

coat hanger

heti

hat

tai

tie

zipi

zip

herumeti

helmet

mabhandi

braces

yunifomu yekuchikoro

school uniform

yunifomu

uniform

zvipfeko - clothing

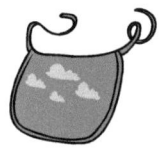

chibhibhi

bib

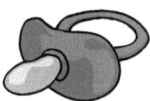

chidhami

pacifier

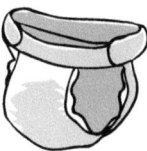

napukeni

diaper

hofisi

office

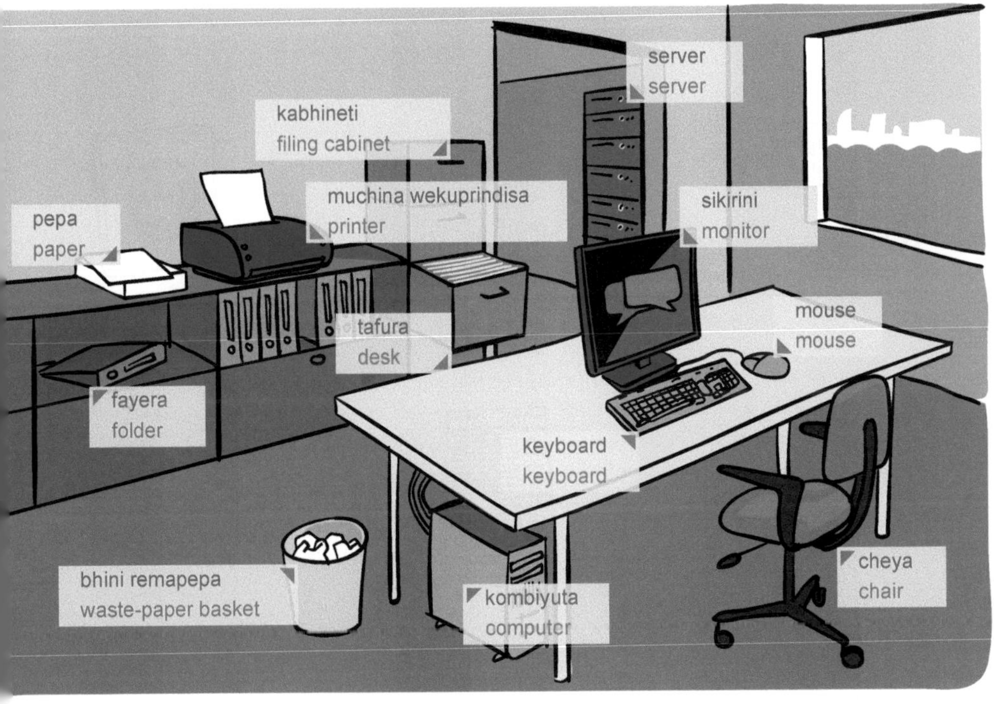

server
server
kabhineti
filing cabinet
muchina wekuprindisa
printer
pepa
paper
sikirini
monitor
tafura
desk
mouse
mouse
fayera
folder
keyboard
keyboard
bhini remapepa
waste-paper basket
kombiyuta
computer
cheya
chair

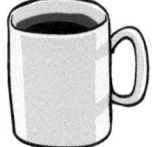

kapu yekofi

coffee mug

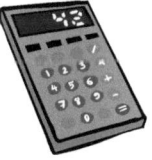

kakureta

calculator

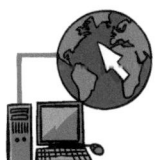

indaneti

internet

laptop

laptop

tsamba

letter

tsamba

message

serura

cell phone

network

network

muchina wekufotokopesa

photocopier

software

software

foni

telephone

pekupfekera magetsi

plug socket

muchina wefax

fax machine

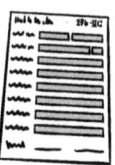

fomu

form

gwaro

document

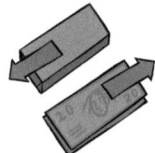

kutenga

buy

kubhadhara

pay

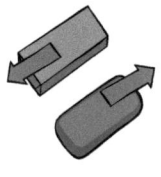

kutengesa

trade

mari

money

Dhora

dollar

Euro

euro

Yen

yen

rouble

rouble

Swiss franc

Swiss franc

renminbi yuan

renminbi yuan

rupee

rupee

panobhadharwa

cash point

panochinjwa mari
currency exchange office

goridhe
gold

sirivha
silver

mafuta
oil

magetsi
energy

mutengo
price

chibvumirano
contract

mutero
tax

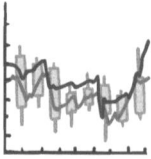

masitoku
stock

kushanda
work

mushandi
employee

mushandirwi
employer

fekitari
factory

chitoro
shop

mamiriro eupfumi - economy

mabasa
occupations

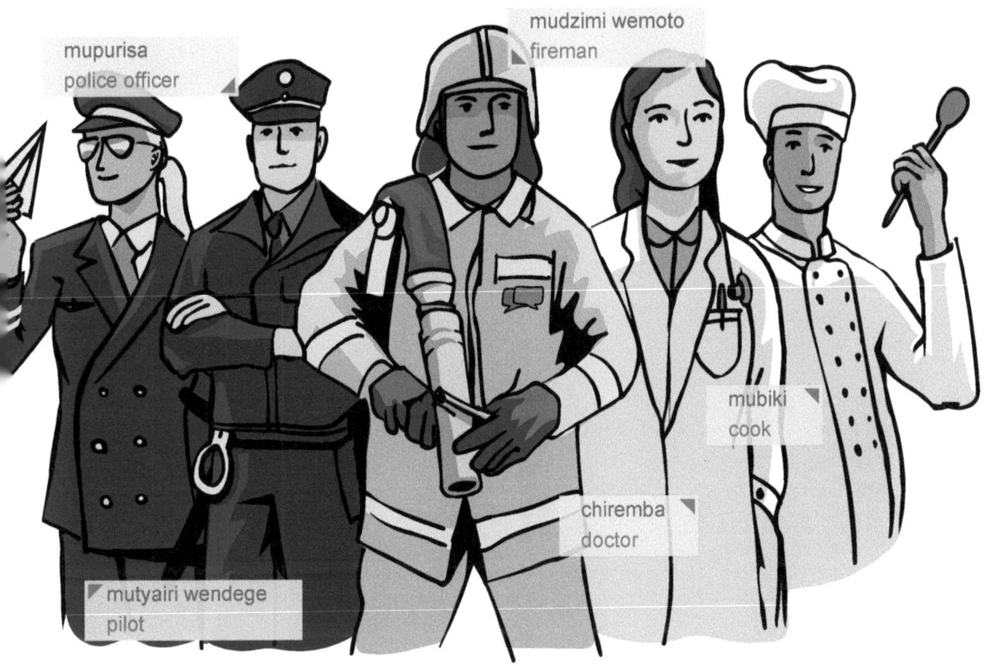
mupurisa
police officer
mudzimi wemoto
fireman
mubiki
cook
chiremba
doctor
mutyairi wendege
pilot

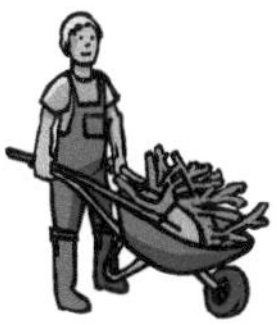

ushandi wemugadheni

gardener

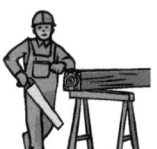

muvezi

carpenter

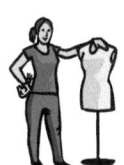

mukadzi anosona

seamstress

mutongi

judge

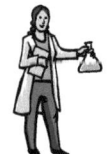

anoita zvemishonga

chemist

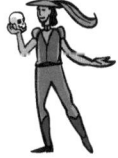

ekita

actor

mutyairi webhazi

bus driver

mutyairi wetaxi

taxi driver

muredzi

fisherman

mudzimai anochenesa

cleaning lady

anogadzira denga

roofer

hweta

waiter

muvhimi

hunter

anopenda

painter

mubiki wechingwa

baker

mugadziri wemagetsi

electrician

muvaki

builder

injiniya

engineer

mushandi wemubhucha

butcher

puramba

plumber

positimeni

postman

musoja

soldier

anoita mapurani edzimba

architect

mutengesi

cashier

mugadziri wemaruva

florist

mugadziri wemusoro

hairdresser

kondakita

conductor

makanika

mechanic

kaputeni

captain

chiremba wemazino

dentist

musayindisti

scientist

rabbi

rabbi

imam

imam

mumonk

monk

mufundisi

pastor

maturusi
tools

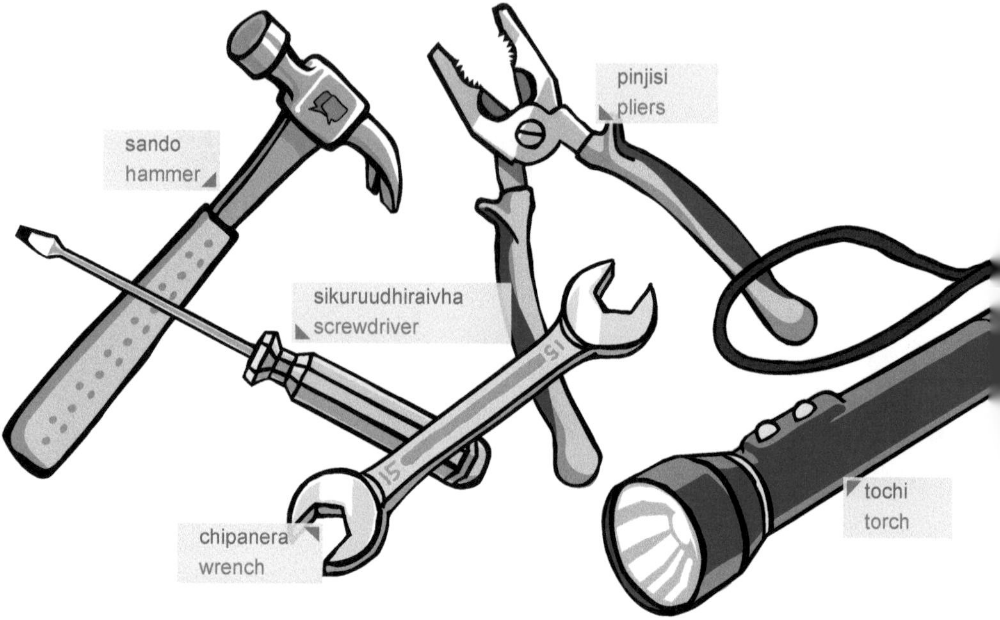

sando
hammer
pinjisi
pliers
sikuruudhiraivha
screwdriver
chipanera
wrench
tochi
torch

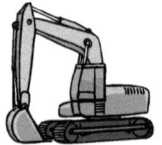

chikatapira
excavator

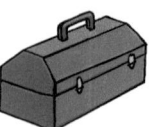

bhokisi rematurusi
toolbox

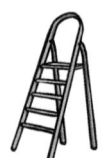

manera
ladder

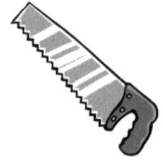

saha
saw

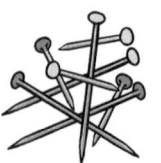

zvipikiri
nails

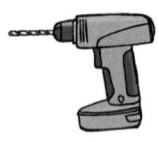

chibooreso
drill

kugadzira
....
repair

foshoro
....
shovel

Nxa!
....
Damn!

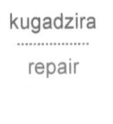

chidyoreso
....
dustpan

gaba rependi
....
paint can

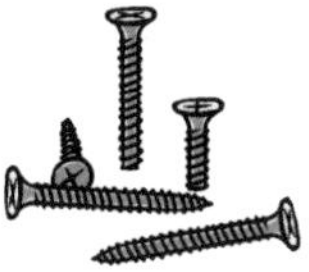

masikuruu
....
screws

zviridzwa
musical instruments

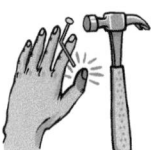

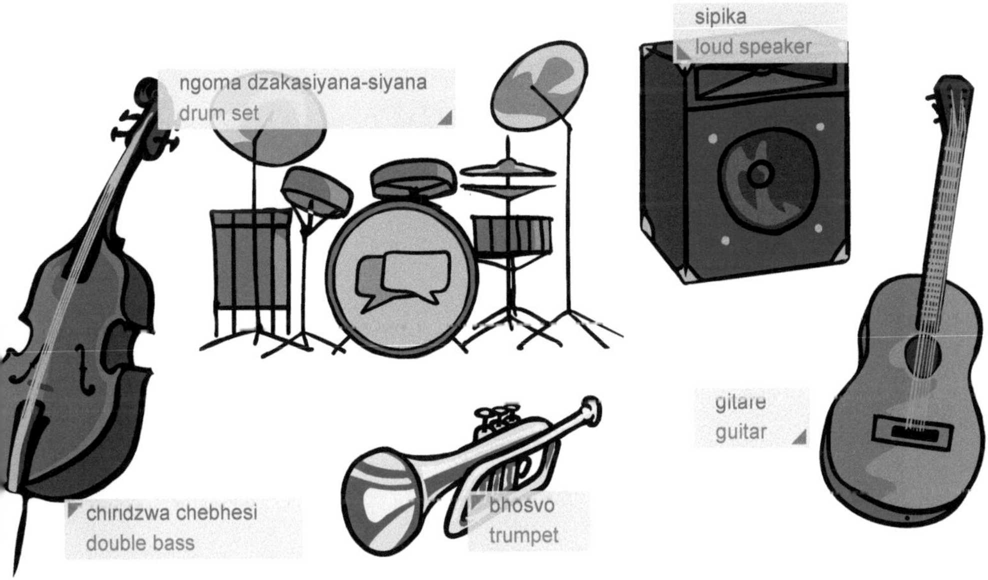

sipika
loud speaker

ngoma dzakasiyana-siyana
drum set

gitare
guitar

chiridzwa chebhesi
double bass

bhosvo
trumpet

piyano

piano

violin

violin

gitare rebhesi

bass

ngoma

timpani

ngoma

drums

piyano yemagetsi

keyboard

saxophone

saxophone

nyere

flute

maikorofoni

microphone

zviridzwa - musical instruments

munochengeterwa mhuka

zoo

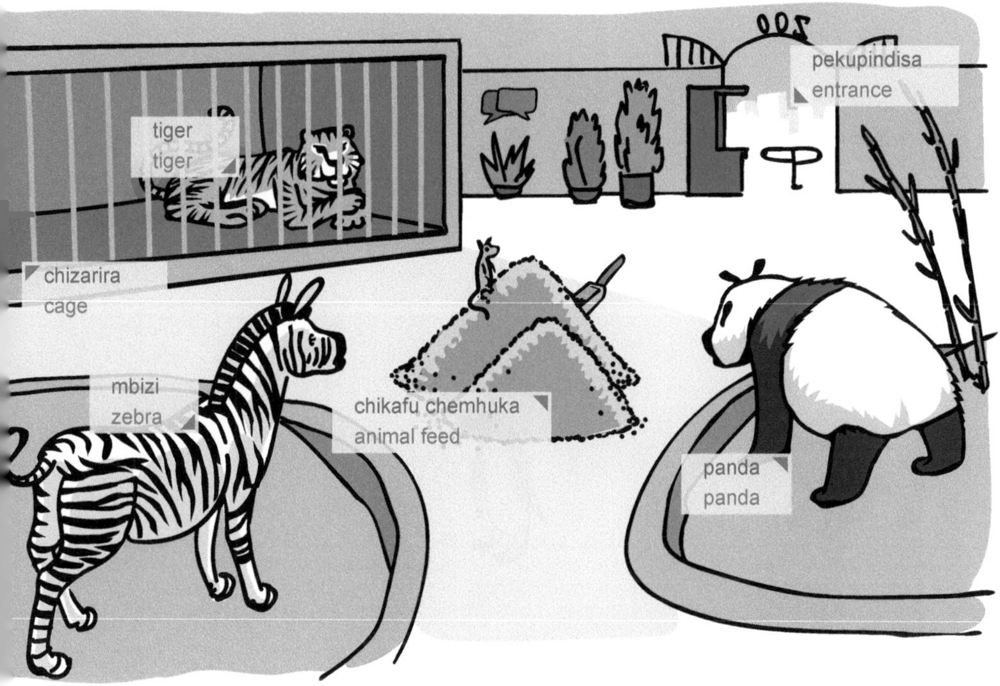

pekupindisa
entrance
tiger
tiger
chizarira
cage
mbizi
zebra
chikafu chemhuka
animal feed
panda
panda

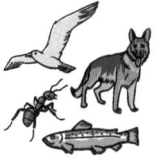

mhuka
animals

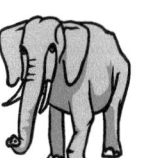

nzou
elephant

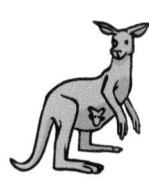

kangaruru
kangaroo

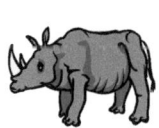

chipembere
rhino

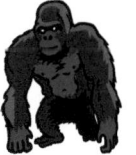

gorilla
gorilla

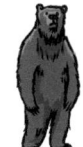

bear
bear

ngamera

camel

mhou

ostrich

shumba

lion

tsoko

monkey

flamingo

flamingo

parrot

parrot

bear rekuchando

polar bear

penguin

penguin

shark

shark

pikoko

peacock

nyoka

snake

garwe

crocodile

muchengeti wenzvimbo
yemhuka

zookeeper

seal

seal

jaguar

jaguar

nyurusi

pony

ingwe

leopard

mvuu

hippo

twiza

giraffe

gondo

eagle

nguruve yemusango

boar

hove

fish

kamba

turtle

walrus

walrus

gava

fox

nhoro

gazelle

bhora rekuAmerica
American football

kuchovha
cycling

tenisi
tennis

bhora rebhasiketi
basketball

kutuhwina
swimming

tsiva
boxing

hockey yemuchando
ice hockey

nhabvu
soccer

badminton
badminton

zvekumhanya
athletics

bhora remaoko
handball

kuita ski
skiing

polo
polo

kuseka
laugh

kusvetuka
jump

kumbundira
hug

kuimba
sing

kufamba
walk

kunyengetera
pray

kutsvoda
kiss

kurota
dream

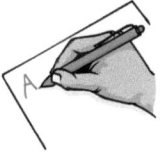

nyora

write

kudhirowa

draw

kuratidza

show

kusunda

push

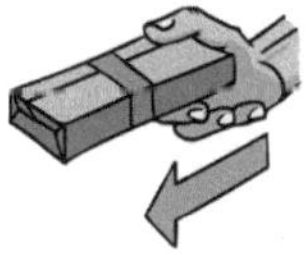

kupa

give

kutora

take

kuva ne

have

kuita

do

kuva

be

kumira

stand

kumhanya

run

kudhonza

pull

kukanda

throw

kudonha

fall

kurara

lie

kumirira

wait

kutakura

carry

kugara

sit

kupfeka

get dressed

kurara

sleep

kumuka

wake up

mabasa - activities

kutarisa

look at

kuchema

cry

kupuruzira

stroke

kukama

comb

kutaura

talk

kunzwisisa

understand

kubvunza

ask

kuteerera

listen

kunwa

drink

kudya

eat

kuchenesa

tidy up

kuda

love

kubika

cook

kutyaira

drive

kubhururuka

fly

kufambiswa nemhepo

sail

kakureta

calculate

kuverenga

read

kudzidza

learn

kushanda

work

kuroora / kuroorwa

marry

kusona

sew

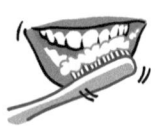

kukwesha mazino

brush teeth

kuuraya

kill

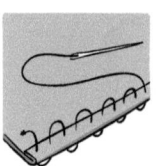

kuputa

smoke

kutumira

send

mhuri
family

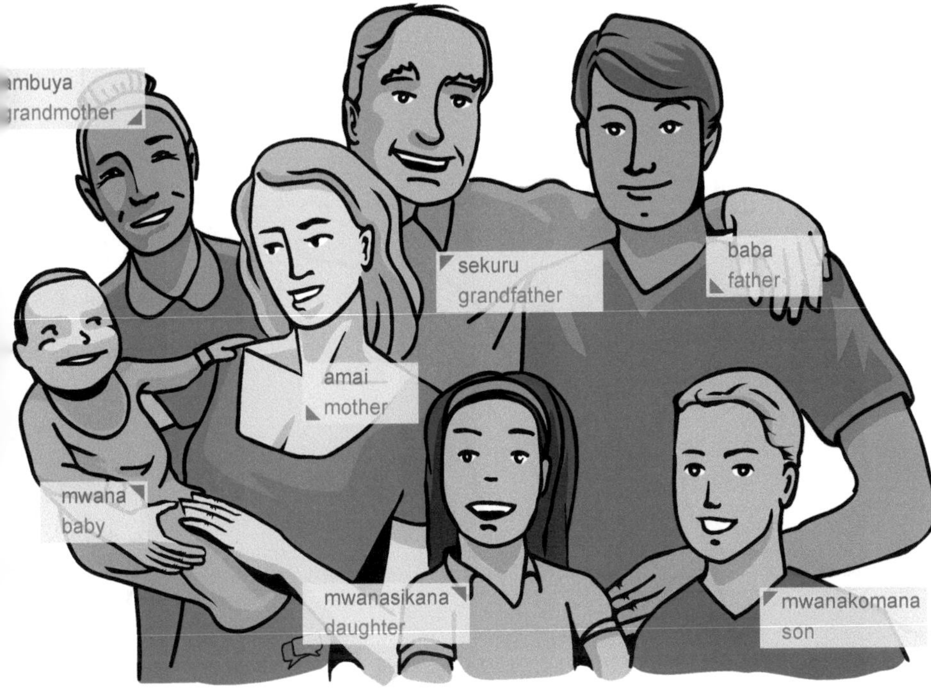

mbuya
grandmother
sekuru
grandfather
baba
father
amai
mother
mwana
baby
mwanasikana
daughter
mwanakomana
son

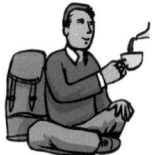

muenzi

guest

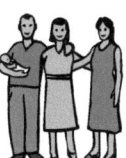

tete

aunt

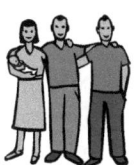

sekuru

uncle

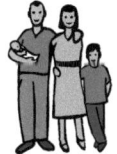

hanzvadzikomana

brother

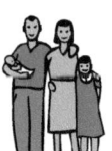

hanzvadzisikana

sister

muviri

body

huma
forehead
ziso
eye
bendekete
shoulder
munwe
finger
chiso
face
chirebvu
chin
ruoko
hand
gumbo
leg
chipfuva
breast
ruoko
arm

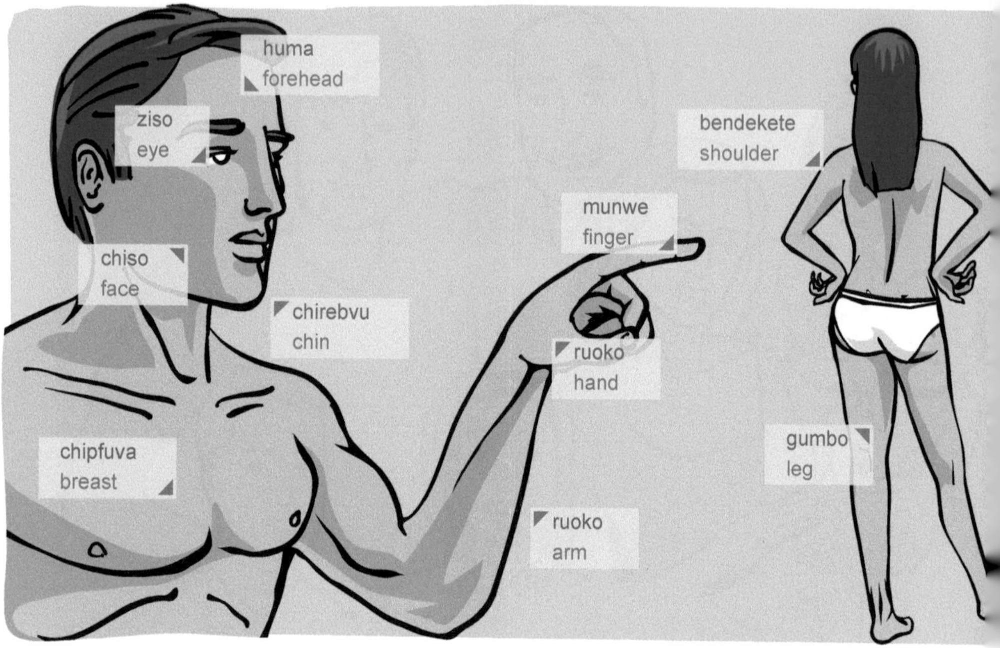

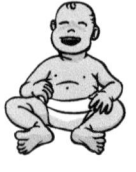

mwana
baby

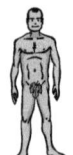

murume
man

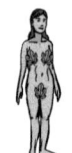

mukadzi
woman

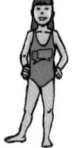

musikana
girl

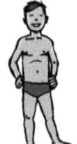

mukomana
boy

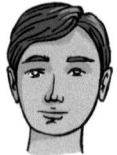

musoro
head

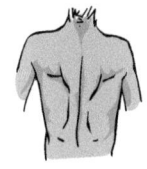

musana

back

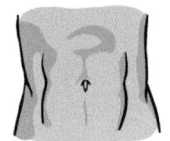

dumbu

belly

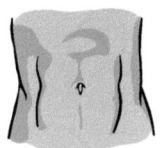

guvhu

navel

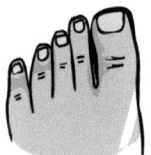

chigunwe

toe

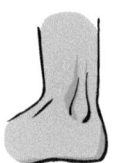

chitsitsinho

heel

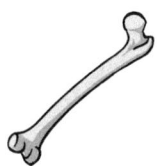

bhonzo

bone

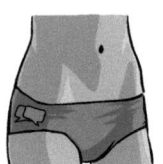

hudyu

hip

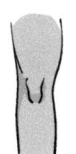

ibvi

knee

gokora

elbow

mhino

nose

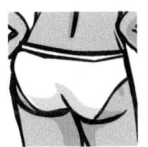

garo

buttocks

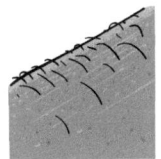

ganda

skin

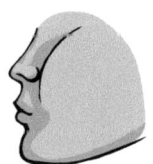

dama

cheek

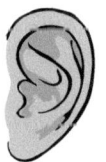

nzeve

ear

muromo

lip

mukanwa

mouth

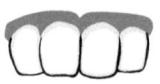

zino

tooth

rurimi

tongue

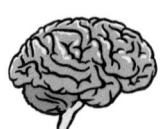

uropi

brain

mwoyo

heart

tsandanyama

muscle

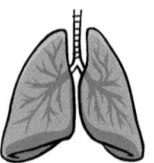

bapu

lung

chitaka

liver

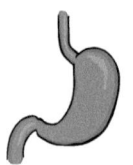

dumbu

stomach

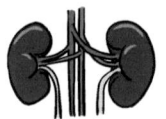

itsvo

kidneys

kuita bonde

sex

kondomu

condom

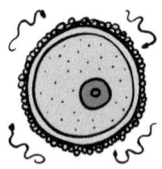

zai

ovum

urume

semen

nhumbu

pregnancy

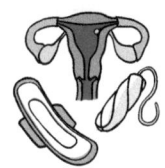

kuenda kumwedzi

menstruation

sikarudzi

vagina

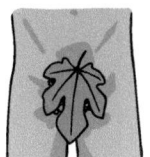

mboro

penis

tsiye

eyebrow

bvudzi

hair

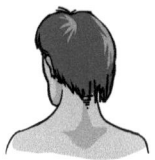

mutsipa

neck

chipatara
hospital

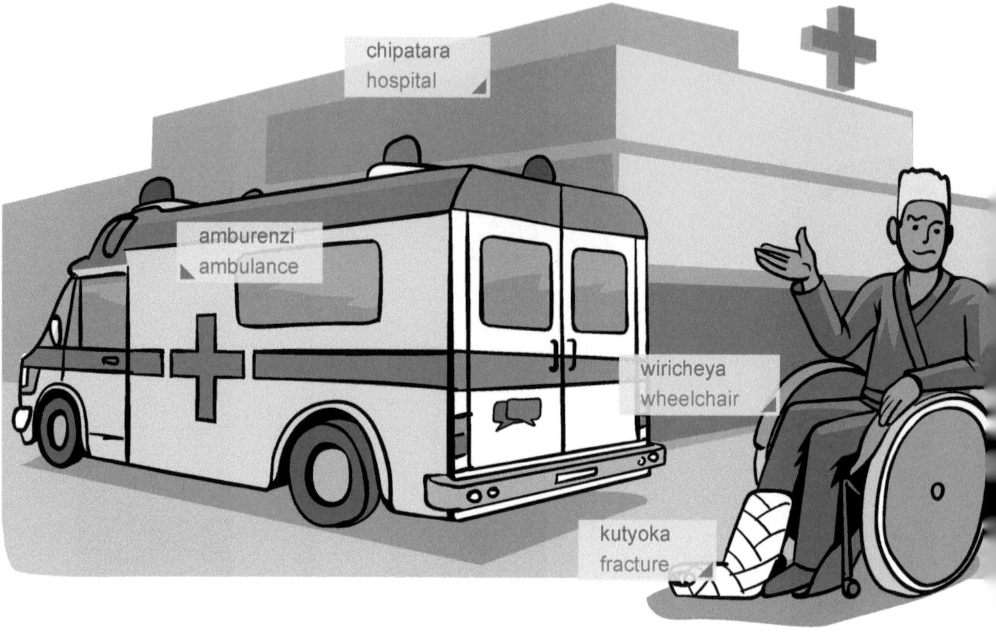

chipatara
hospital
amburenzi
ambulance
wiricheya
wheelchair
kutyoka
fracture

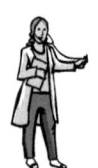

chiremba

doctor

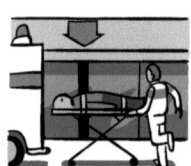

imba yerubatsiro

emergency room

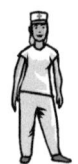

nesi

nurse

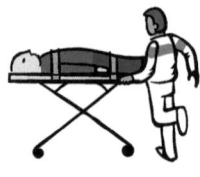

zvekukurumidza

emergency

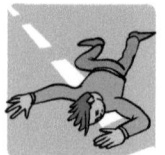

kufenda

unconscious

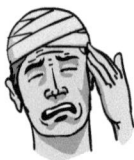

rwadza

pain

kukuvara
injury

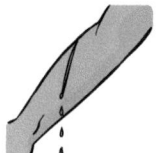

kubuda ropa
bleeding

kuerekana mwoyo
usisashandi
heart attack

kuoma rutivi
stroke

zvinorwarisa
allergy

chikosoro
cough

fivha
fever

furuu
flu

manyoka
diarrhea

kutemwa nemusoro
headache

mhuka
cancer

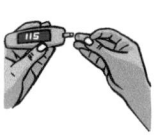

chirwere cheshuga
diabetes

muvhiyi
surgeon

kabanga keoparesheni
scalpel

oparesheni
operation

CT

CT

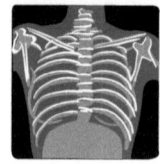

x-ray

x-ray

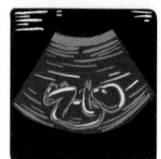

ultrasound

ultrasound

chekuvharisa mhino nemuromo

face mask

chirwere

disease

mekumirira kurapiwa

waiting room

chidhondoro

crutch

purasita

plaster

bhandiji

bandage

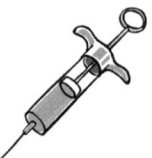

jekiseni

injection

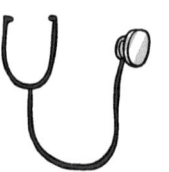

chekuteerera nacho mukati

stethoscope

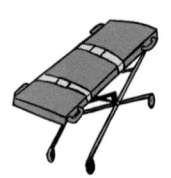

kamubhedha kemurwere

stretcher

chekutoresa nacho tembiricha

clinical thermometer

kuzvara

birth

kufuta

overweight

chekubatsira kunzwa

hearing aid

mushonga unouraya
utachiona

disinfectant

utachiona

infection

vhairasi

virus

HIV / AIDS

HIV / AIDS

mushonga

medicine

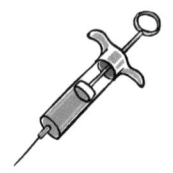

kudzivirira zvirwere

vaccination

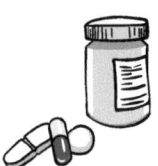

mapiritsi

tablets

piritsi

pill

ifonera rubatsiro ipapo
ipapo

emergency call

muchina wekuyeresa BP

blood pressure monitor

kurwara / kugwinya

ill / healthy

Maiwe!

Help!

bhero

alarm

kurwisa

assault

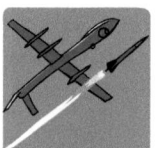

kurwisa

attack

ngozi

danger

pekupuda napo zvechimbi-chimbi

emergency exit

Moto!

Fire!

chekudzimisa moto

fire extinguisher

tsaona

accident

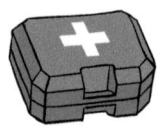

zvinhu zvefirst aid

first-aid kit

SOS

SOS

mapurisa

police

Europe

Europe

Kuchamhembe kweAmerica

North America

Kumaodzanyemba
kweAmerica
South America

Africa

Africa

Asia

Asia

Australia

Australia

Atlantic

Atlantic

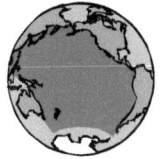

Pacific

Pacific

Nyanza yeIndia

Indian Ocean

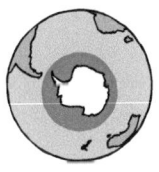

Nyanza yeAntarctic

Antarctic Ocean

Nyanza yeArctic

Arctic Ocean

Kuchamhembe

North pole

Kumaodzanyemba

South pole

Antarctica

Antarctica

Nyika

earth

nyika

land

gungwa

sea

chitsuwa

island

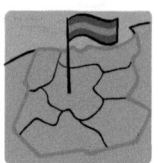

nyika

nation

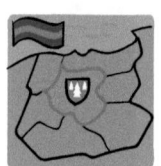

nyika

state

wachi

clock face

chinongedza awa

hour hand

chinongedza miniti

minute hand

hinongedza masekondi

second hand

Inguvai?

What time is it?

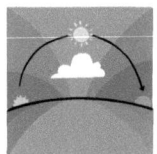

zuva

day

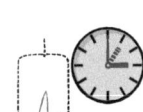

nguva

time

izvozvi

now

wachi yemanhamba

digital watch

miniti

minute

awa

hour

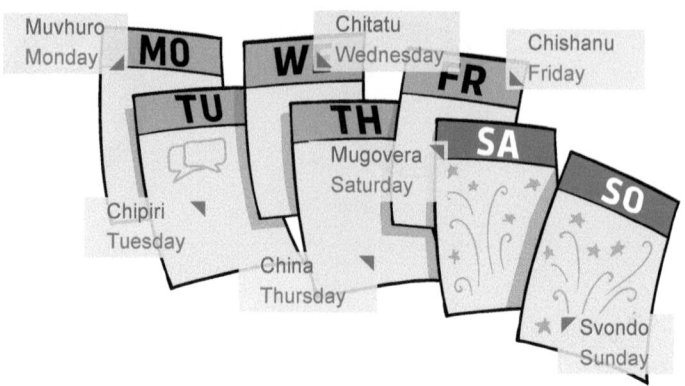

Muvhuro — Monday
Chitatu — Wednesday
Chishanu — Friday
Chipiri — Tuesday
Mugovera — Saturday
China — Thursday
Svondo — Sunday

nezuro

yesterday

nhasi

today

mangwana

tomorrow

mangwanani

morning

masikati

noon

manheru

evening

MO	TU	WE	TH	FR	SA	SU
1	2	3	4	5	6	7
8	9	10	11	12	13	14
15	16	17	18	19	20	21
22	23	24	25	26	27	28
29	30	31	1	2	3	4

mazuva ebasa

workdays

MO	TU	WE	TH	FR	SA	SU
1	2	3	4	5	6	7
8	9	10	11	12	13	14
15	16	17	18	19	20	21
22	23	24	25	26	27	28
29	30	31	1	2	3	4

kupera kwevhiki

weekend

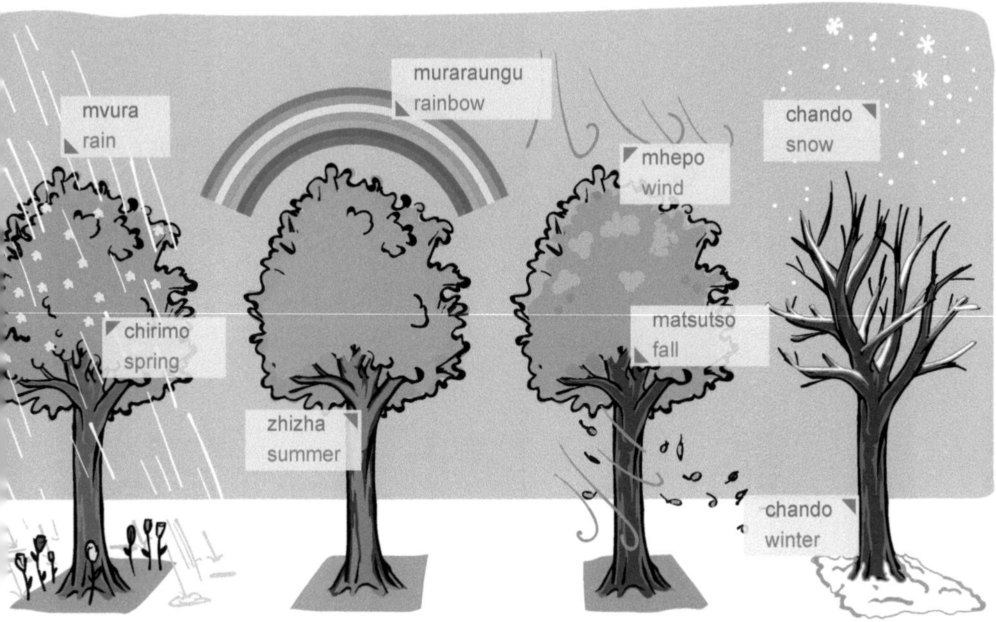

mvura
rain
muraraungu
rainbow
chando
snow
mhepo
wind
chirimo
spring
matsutso
fall
zhizha
summer
chando
winter

4.APRIL 11°
5.APRIL 4°
6.APRIL 13°
7.APRIL 8°
8.APRIL 10°

mamiriro ekunze anofungidzirwa

weather forecast

F
C
120
90
60
30
0
-30
40
30
20
10
0
-10
-20

chekutoresa tembiricha

thermometer

zuva

sunshine

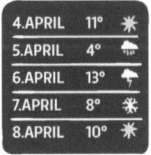

makore

cloud

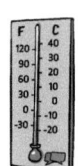

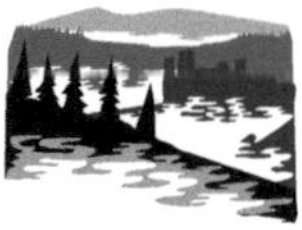

mhute

fog

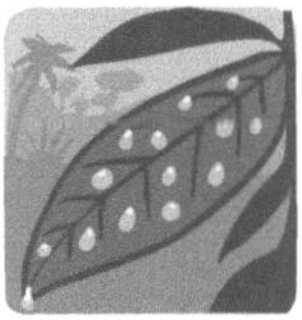

hunyoro

humidity

mheni

lightning

kutinhira

thunder

dutu

storm

chivhuramabwe

hail

mhepo ine mvura

monsoon

mafashamo

flood

mazaya echando

ice

Ndira

January

Kukadzi

February

Kurume

March

Kubvumbi

April

Chivabvu

May

Chikumi

June

Chikunguru

July

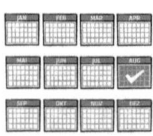

Nyamavhuvhu

August

Gunyana
....
September

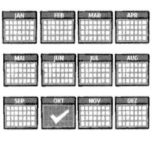

Gumiguru
....
October

Mbudzi
....
November

Zvita
....
December

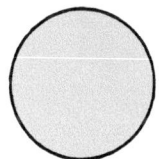

denderedzwa
....
circle

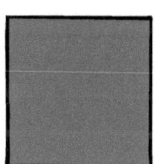

sikweya
....
square

rectangle
....
rectangle

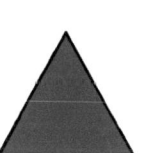

triangle
....
triangle

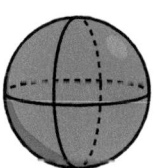

bhora
....
sphere

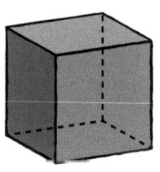

bhokisi
....
cube

chena

white

yero

yellow

orenji

orange

pingi

pink

tsvuku

red

pepuru

purple

bhuruu

blue

girini

green

kaki

brown

gireyi

gray

nhema

black

vakawanda / zvishoma

a lot / a little

hasha / dzikama

angry / calm

naka / shata

beautiful / ugly

kutanga / kuguma

beginning / end

hombe / diki

big / small

jeka / rima

bright / dark

hanzvadzikomana /
hanzvadzisikana

brother / sister

chena / sviba

clean / dirty

kwana / kusakwana

complete / incomplete

masikati / usiku

day / night

yakafa / mhenyu

dead / alive

pamhamha / tetepa

wide / narrow

unodyiwa / haudyiwi

edible / inedible

utsinye / mutsa

evil / kind

kunakidzwa / kufinhwa

excited / bored

kobvuka / tetepa

fat / thin

kutanga / kupedzisira

first / last

shamwari / muvengi

friend / enemy

rakazara / hairina kuzara

full / empty

oma / pfava

hard / soft

rema / reruka

heavy / light

nzara / nyota

hunger / thirst

kurwara / kugwinya

ill / healthy

zvisiri pamutemo / zviri pamutemo

illegal / legal

kungwara / kupusa

intelligent / stupid

ruboshwe / rudyi

left / right

pedyo / kure

near / far

matsva / matsaru

new / used

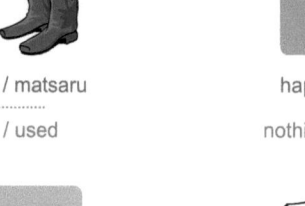

hapana / chiripo

nothing / something

kuru / duku

old / young

batidza/dzima

on / off

vhurika / vharika

open / closed

nyarara / ruzha

quiet / loud

mupfumi / murombo

rich / poor

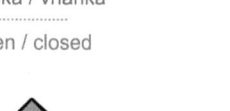

chakanaka / chakaipa

right / wrong

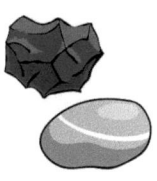

kukasharara / kutsvedzerera

rough / smooth

kusuwa / kufara

sad / happy

pfupi / refu

short / long

nonoka / kurumidza

slow / fast

nyoro / oma

wet / dry

dziya / tonhora

warm / cool

hondo / rugare

war / peace

0

zero

zero

1

potsi

one

2

piri

two

3

tatu

three

4

ina

four

5

shanu

five

6

nhanhatu

six

7

nomwe

seven

8

sere

eight

9

pfumbamwe

nine

10

gumi

ten

11

gumi neimwe

eleven

12

gumi nembiri

twelve

13

gumi netatu

thirteen

14

gumi neina

fourteen

15

gumi neshanu

fifteen

16

gumi nenhanhatu

sixteen

17

gumi nenomwe

seventeen

18

gumi nesere

eighteen

19

gumi nepfumbamwe

nineteen

20

makumi maviri

twenty

100

zana

hundred

1.000

chiuru

thousand

1.000.000

miriyoni

million

languages

Chirungu

English

Chirungu chekuAmerica

American English

Mandarin yekuChina

Chinese Mandarin

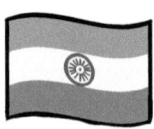

ChiHindi

Hindi

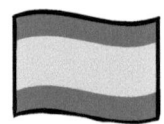

ChiSpanish

Spanish

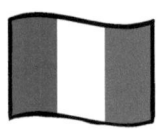

ChiFrench

French

ChiArabic

Arabic

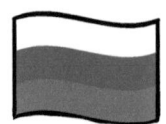

ChiRussian

Russian

ChiPortuguese

Portuguese

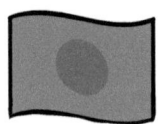

ChiBengali

Bengali

ChiGerman

German

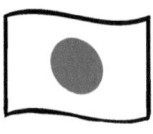

ChiJapanese

Japanese

ini

I

iwe / imi

you

iye

he / she / it

isu

we

imi

you

ivo

they

ani?

who?

chii?

what?

sei?

how?

kupi?

where?

riini?

when?

zita

name

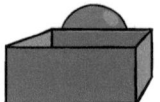

seri

behind

mukati

in

pamberi

in front of

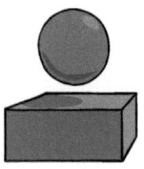

nepamusoro

over

pamusoro

on

pasi

under

divi

beside

pakati

between

nzvimbo

place